DE L'ORGANISATION

DU

CORPS SOCIAL.

DE L'ORGANISATION

DU

CORPS SOCIAL,

PAR

AUG. MIQUEL.

TOULOUSE,

IMPRIMERIE D'AUG. DE LABOUISSE-ROCHEFORT,

HÔTEL CASTELLANE.

1844.

DISCOURS PRÉLIMINAIRE.

La première étude des politiques, consiste à remonter aux sources de la prospérité des états ; à constater les causes de leur élévation et de leur décadence ; à reconnaître, aussi exactement que possible, les vices de leur constitution, et les écueils qui les environnent, non moins que leurs ressources et les fondements de leur puissance. Leur affaire principale est de veiller à leurs intérêts ; d'obvier à leurs dangers les plus prochains, tout en posant les bases de leur grandeur future. Pour moi, à qui des soins si importans seraient une charge beaucoup trop grande, je

me placerai au point de vue le plus élevé de
la civilisation actuelle, qu'il me sera possible
d'atteindre; et, si je ne puis fournir de longues et nombreuses carrières, je porterai du
moins mes regards vers l'horizon, afin d'y
chercher quelque site, qui dans un avenir plus
ou moins éloigné, pût servir de lieu de repos
à une société qui se verrait contrainte d'aban-
donner son ancienne place : car, vu l'insta-
bilité des choses humaines, quels sont les
empires qui pourraient se flatter d'une durée
perpétuelle? Sans avoir égard aux causes ex-
térieures de destruction, quelque forte que
soit la constitution d'un état; s'il se trouve
travaillé par de nouveaux besoins, si sa forme
trop étroite ne peut suffire au développement
des principes indestructibles qui ont déjà
germé dans son sein ; on doit s'attendre à
ce que tôt ou tard la vieille société, malgré
toute résistance humaine, se désorganise.
Alors ses diverses parties pourront bien rester
pendant quelque temps incohérentes et incer-
taines ; mais elles risqueront de se voir bientôt
réunies, en tout ou en partie, par de funestes
liens, si elles ne se rassemblent et ne se group-
pent d'elles-mêmes autour de nouveaux cen-
tres de civilisation.

Puisque, par mille causes diverses, les anciennes constitutions des états peuvent se dissoudre, il n'est point inutile de chercher la meilleure organisation sociale qu'une nation pût adopter ; celle qui offrirait le plus de garanties de justice, de prospérité et de stabilité. C'est ce que je me suis proposé, en entreprenant le présent ouvrage. Si, en présence d'un tel sujet, je ne me laisse pas arrêter par le sentiment de mon insuffisance, c'est surtout parce que je pense qu'elle pourra encore elle-même servir, dans l'esprit du lecteur, la cause de la démocratie : car, si, malgré le peu d'étendue de mes connaissances, mais après des méditations sévères, il m'est possible de faire entrevoir une organisation qui eût quelque chance de durée dans le cas où elle se trouverait une fois établie ; que ne devra-t-on pas espérer de celle que prépare le concours généreux de tant d'hommes de mérite qui ont voué leur génie aux soins des intérêts du peuple, à la défense de ses droits, et dont le développement complet, ainsi que la réalisation, ne peut être l'œuvre que des générations.

Le passé n'est pas sans exemple d'une nation déjà puissante qui ait eu à renouveler sa

constitution politique. Mais ce n'est peut-être
pas pendant l'effervescence d'une crise politique que doit paraître et s'établir une organisation durable, suffisant aux divers besoins
de la société. S'il arrivait que, dans une pa-
reille circonstance, quelques politiques fussent
en mesure de présenter un système assez
mûri, et que ce dernier ne trouvât pas un
puissant appui dans les masses, qui n'en auraient pas encore apprécié la justice et les
avantages ; rien ne serait moins certain que
son triomphe sur tous les partis qui pourraient
surgir, et sur la résistance des privilégiés
d'un ancien ordre de choses. Lorsqu'une
bonne organisation aura été suffisamment éla-
borée par les écrits des socialistes, et qu'elle
sera parvenue dans l'opinion du plus grand
nombre, elle ne manquera pas de se réaliser,
soit en s'introduisant peu à peu dans le gouvernement par des réformes successives, soit
tout d'un coup, si les circonstances le permettent ou l'exigent. Le système établi a des
droits incontestables au respect des citoyens
toutes les fois qu'il ne se met pas en opposition
arrêtée avec les intérêts et les vœux de la nation; surtout lorsque, par la justice, il assure
la paix et la tranquillité ; car, lorsque la juxta-

position des intérêts individuels lui a donné
une certaine consistance, au lieu de la dissoudre, il peut être plus avantageux à la nation de tirer parti de sa force acquise ; mais
encore une fois, tant que cette dernière ne
constitue pas un obstacle opiniâtre à l'intérêt
général.

Existe-t-il une organisation sociale capable
de rallier autour d'elle, avec le temps, la
grande majorité des citoyens ? C'est demander
s'il en est une, qui préférablement à toute
autre, puisse procurer la prospérité de l'état,
de laquelle découle le bien-être de chacun de
ses membres ; car, par suite du progrès de
la civilisation, l'intérêt général doit finir par
l'emporter sur toutes les questions de personnes ; et les prétentions des divers partis doivent tôt ou tard se fondre devant le flambeau
de la raison publique.

J'essaierai de répondre à la question pré-
cédente dans le cours de cet ouvrage, dans
lequel je tâcherai de ne pas perdre de vue que
ce n'est point assez qu'un principe politique
soit incontestablement reconnu, si l'on n'établit encore des institutions propres à faciliter
et à régulariser son action sur la société ; afin
de fermer, autant qu'il est possible de l'espé-

rer, toutes les portes à l'anarchie et à l'arbitraire. Pour le moment, il me suffira d'ajouter qu'un ordre social passible de toutes les formes, et par conséquent indifférent à chacune d'elles, mériterait plutôt le nom de désordre. Il n'est pas vrai de dire que la forme du gouvernement soit de peu d'importance sur les destinées d'une nation, comme on l'a quelquefois avancé. La fausseté de cette opinion, dont l'effet serait d'éloigner le cœur des citoyens du soin des affaires publiques, devient encore plus apparente lorsque l'on considère que dans le corps social, ainsi que dans tout être organisé, ce qui persiste le plus, c'est la forme, qui se soutient à peu près la même, malgré la variation dès personnes, pendant la succession des générations diverses ; que c'est cette même forme qui assemble les intérêts privés, ou les oppose les uns aux autres, par la tendance qu'elle a toujours à les ordonner d'une manière favorable à sa propre conservation ; et qu'elle finit par étendre son influence sur le caractère des populations. Autant, en effet, l'air pur de la liberté fortifie les cœurs et vivifie les intelligences, autant le despotisme les abaisse et les dégrade, par la corruption,

l'erreur et la crainte , qui sont les trois soutiens de sa domination.

On ne peut rien affirmer d'absolu sur la
nature du gouvernement qui convient parti-
culièrement à un état, si l'on ne veut avoir
égard qu'à l'étendue de son territoire. Quelque petit qu'il soit , s'il se trouve divisé en
classes rivales, si des dissensions animées,
des aversions invétérées ne laissent aucun
espoir de voir la tranquilité se rétablir, le seul
gouvernement légitime, sera provisoirement
alors, celui qui aura la volonté et la force de
faire cesser la discorde ; pouvu toutefois qu'il
manifeste par ses actes, la pureté de ses intentions. Si, dans un grand état , tous les germes de division, dont je viens de parler, n'exis-
tent point ; s'il règne au contraire une grande
homogénéité dans les mœurs et les intérêts des
diverses parties de la nation ; si les progrès de
la civilisation , ayant abrégé les distances ,
permettent d'exécuter promptement et avec
ensemble toutes les opérations qui se rappor-
tent aux affaires publiques ; il est évident que
l'étendue d'un tel état ne saurait en exclure
le gouvernement démocratique. En sorte que,
parmi les causes générales qui peuvent influer
sur les institutions , plus ou moins libérales

d'un état, et en assurer la stabilité, on peut
mettre en première ligne, son degré de civilisation. Si la monarchie absolue, flanquée
d'ordres et de castes dont les droits politiques
et les fonctions étaient héréditaires, a été le
mode de gouvernement prédominant, dans
les premiers temps de la société humaine,
n'était-ce point surtout parce que c'était la
forme possible la plus simple, la première qui
dut, par conséquent, s'offrir à l'esprit des législateurs et à l'ambition des conquérants ; et
encore, parce qu'il était d'abord nécessaire
que les moyens d'instruction, qui étaient an-
ciennement si rares, si difficiles à se procurer, que quelques hommes avides de science
étaient obligés d'aller chercher dans des con-
trées lointaines, fussent presque entièrement
remplacés par l'éducation domestique et les
traditions de famille. Il devait donc arriver
que la condition de chacun, sauf un petit
nombre d'exceptions, se trouvât à peu près
déterminée par celle de ses ancêtres. Les uns
naissaient guerriers ou laboureurs, les autres
artisans ou interprètes de dogmes de la religion. Mais un pareil état de choses ne fut jamais sans de graves inconvénients ; les puis-
sants et les faibles ignorant la plupart du temps

les véritables raisons d'une juste obéissance , en méconnaissaient aussi les limites. Ainsi , bien des talents durent être étouffés en leurs germes , bien des fois la liberté et la dignité humaine furent outragées , malgré de généreuses résistances , qui se trouvèrent impuissantes contre les abus d'une législation despotique.

Il fallait peut-être que les premiers législateurs regardassent ces sortes de divisions des hommes en classes , et l'inégalité qui devait en être la suite , comme une nécessité de leur époque, puisqu'elles se trouvaient introduites sous différentes formes , même dans les anciennes républiques. Mais , si toutefois il est vrai qu'elles fussent indispensables à une société naissante , pour l'accroissement de sa force et le développement de sa civilisation , les progrès de cette dernière devaient les rendre plus tard inutiles, et bientôt après nuisibles à ses progrès ultérieurs. Par conséquent, si elles ne finissaient par être abolies, n'ayant plus dans la suite pour raison de leur existance, que les préjugés et la force matérielle, il était nécessaire qu'elles devinssent pour l'état, de puissantes causes de discorde , d'affaiblissement et de décadence ; à moins que

l'élément despotique, ayant entièrement pris
le dessus, ne fût parvenu à y rendre la civilisation stagnante et à tenir pendant des siècles
les populations entières plongées dans l'igno-
rance et la barbarie.

Si le perfectionnement intellectuel et moral
est favorable à l'élément démocratique, ce
dernier, à son tour, est éminemment propre
à l'accroissement des richesses physiques, in-
tellectuelles et morales de la nation. Lorsque,
comme à l'époque où nous vivons, l'éducation peut être donnée à chacun selon ses facultés naturelles ou acquises, n'est-il pas évident que l'industrie, les sciences, les lettres,
en un mot, toutes les branches des richesses
nationales ne sauraient que gagner, à être
spécialement cultivées par ceux que portent
vers elles leurs dispositions, que l'état aurait
lui-même pris soin de développer et d'encou-
rager.

Ces considérations portent à penser que, si
le despotisme a pu prévaloir dans le passé,
la démocratie doit avoir son règne dans l'a-
venir.

Rien enfin n'autorise à croire que l'état social, le plus parfait, auquel chaque nation
puisse parvenir par des progrès successifs,

doive différer essentiellement de l'une à l'autre ; puisque , dans toutes, les besoins et les facultés de l'homme sont de même nature , et que les inégalités, que produit principalement l'éducation dans les mœurs des divers peuples, tendent à s'affaiblir par leurs communications, et à s'harmoniser par l'effet général de la civilisation.

DE L'ORGANISATION

DU

CORPS SOCIAL.

LIVRE PREMIER.

DES PRINCIPES DE L'ORDRE SOCIAL.

CHAPITRE PREMIER.

QUEL sera le phare que nous prendrons pour point de direction sur le vaste océan des opinions politiques? Quel est, en d'autres termes, le principe qui doit servir de base à l'économie sociale? Ce principe évident est celui-ci : Tout, dans la Société, doit être ordonné au bonheur de tous. Il contient implicitement le droit et le devoir de chacun. En effet, d'un côté, il faut, pour qu'il ait son application, que chacun soit porté, non-seulement par la générosité de son cœur et

2

l'obligation du devoir, mais encore par son intérêt personnel, à contribuer, selon son pouvoir, à l'accroissement des biens de la Société. D'un autre côté, ces biens, qui sont de nature fort diverse, ne méritent ce nom que parce qu'ils sont susceptibles d'être distribués, à l'avantage des citoyens; soit publiquement, comme par la construction des monuments, par l'établissement des voies de communication, par l'augmentation de l'influence nationale vis-à-vis de l'étranger; soit collectivement par les allocations accordées aux diverses administrations et corporations qui sont sous la protection de l'Etat; soit individuellement enfin, en places, en honneurs, en récompenses. Puisque les biens de la Société tirent toute leur valeur de ce qu'ils sont susceptibles d'être ainsi distribués, il est clair que cette valeur doit augmenter par le fait même d'une sage répartition. Il est incontestable encore qu'une des causes les plus favorables à l'augmentation des richesses futures de la Société, c'est la justice de la répartition de celles qui déjà sont à sa disposition; en prenant pour bases générales d'une juste répartition, d'une part, les titres acquis à chaque citoyen par son travail et les services qu'il a rendus à la Patrie, ou par les travaux et les services de ses ancêtres; d'autre part, les besoins et les facultés de chacun : car, dans l'intérêt de la production, l'Etat doit protéger, non-seulement l'acquis, mais encore les talents producteurs quant à leur culture et à leur exercice. C'est en vertu de cette mutuelle dépendance de l'intérêt général et de l'intérêt particulier, que les droits et les devoirs de chaque citoyen se trouvent compris dans le principe précédent. Ce serait s'en écarter considérablement que de n'avoir en vue que le seul accroissement des richesses matérielles. Si l'homme est obligé de pourvoir à l'entretien de sa vie animale, qui est sur la terre le support de son existence, il ne doit non plus rien négliger de ce qui peut exercer son intelligence, perfectionner et agrandir tout son être, dans la double immensité du temps et de l'espace. En outre, il reconnaît qu'il doit tous les biens dont il jouit et sa propre existence, à une être souverainement sage et puissant, qui ne l'a pas irrévocablement livré aux chances d'une fatalité aveugle, puisqu'il l'a créé sensible, et capable de remonter jusques à lui par la raison et par l'amour.

Les institutions sociales doivent donc avoir pour but : 1° D'accroître la somme des biens propres à la satisfaction des besoins matériels ; de diminuer, autant que possible, par les progrès de l'industrie, par une sage organisation du travail, par une juste distribution des emplois, le temps et les fatigues qu'exige leur production : afin que la quantité des biens obtenus puisse suffire à un plus grand nombre, et que des classes entières ne soient pas forcées, par l'exigence impérieuse des besoins matériels de renoncer à tout développement des nobles facultés de l'âme. 2° D'augmenter la force de l'Etat : afin de le mettre à l'abri des offenses de l'étranger : soit en se conciliant la confiance des citoyens ; soit par de sages négociations à l'extérieur, et par un bon système militaire, qui, sans obliger la Nation de tenir sans cesse sur pied à l'intérieur des troupes nombreuses, puisse cependant, au besoin , faire surgir du sol de la Patrie des armées formidables. 3° De faire régner la justice et la concorde ; et d'assurer de la manière la plus digne, par une protection du culte tolérante et sage , les rapports de respect, de reconnaissance et d'adoration, de la Société humaine envers la Divinité. A ces trois objets des institutions sociales correspondent, comme moyens , l'industrie , l'art , les sciences, les lettres, la morale et la religion.

L'industrie comprend tout ce qui a pour but de produire ou de travailler les substances propres à l'entretien et à l'agrément de la vie, depuis l'agriculture, qui en est la branche la plus importante , jusques au commerce , qui , en déplaçant et distribuant ces substances de la manière la plus conforme aux besoins et aux ressources des nations et des particuliers , leur donne une nouvelle valeur.

Les sciences , qui nous donnent des notions certaines ou probables sur la nature des êtres , sur les rapports de lieu, de temps et de génération qu'ils ont entre eux, servent à la fois, de guide à l'industrie et d'aliment à l'intelligence.

L'amour de la vérité est naturel à l'homme : Rien n'est beau que le vrai. Mais quel que soit le travail de l'esprit pour la possession de la vérité, au-delà de la sphère de nos connaissances , se trouve toujours un inconnu sans limites. Aussi, l'âme, que la réalité actuelle ne peut contenir , s'échappe-t-elle souvent, par l'imagination, dans les vastes champs du possible. De là les lettres et la poésie, qui, non-seulement servent et embellissent les divers sujets existants, mais en créent encore une infinité d'autres qui ont à leur tour toute la réalité que leur prête la sensibilité de l'esprit et du cœur.

Quant aux beaux arts, ils sont à l'industrie, ce que la poésie est à la science.

L'industrie, la science, la poésie, sont des parties que l'esprit est bien obligé de séparer; mais qui ne sont pas indépendantes les unes des autres : elles se prêtent au contraire un mutuel secours; elles se croisent, elles se mêlent, elles se pénètrent ; pour former le milieu que nos âmes habitent, et dans lequel, à travers les siècles, l'humanité se développe.

A qui appartiendra-t-il de s'occuper de leur vaste ensemble, pour assigner leurs fonctions spéciales et leurs corrélations ? Sera-ce à la Religion, qui doit tout ramener à Dieu ? Mais, si par la charité elle tient encore à la terre, son front radieux est déjà dans le Ciel : elle ne pourrait que déroger à sa mission sublime, en mêlant, à tout instant, sa divine parole à nos discussions terrestres, en se préoccupant des débats et des soins de nos intérêts temporels.

Ce sera donc la Philosophie, prise avec la grande acception que comporte son nom, qu'elle tient de la plus haute antiquité, qui ne la restreignait pas à l'étude de l'âme; mais qui lui assignait encore celle de la nature entière, et des rapports de l'homme avec la nature et la Divinité. D'ailleurs, les facultés de l'âme, objet spécial de ses études, dépendant, quant à leur exercice, du mode extérieur, ne sauraient être complètement étudiées, d'une manière isolée; et lorsque la Philosophie se propose de remonter jusques à

Dieu, comment pourrait-elle négliger la contempla-
tion de l'univers, qui en est une manifestation perpétuelle? L'industrie, l'art, les sciences, les lettres,
la religion, qui ont pour but le bonheur de l'homme
et la prospérité des états, doivent donc être l'objet de
ses méditations.

CHAPITRE II.

Sans les institutions politiques, les efforts isolés des
particuliers seraient insuffisants pour leur intérêt
commun, lors même qu'ils seraient tous animés des
meilleures intentions. Vu l'inégalité de leurs forces
et de leurs lumières, de leurs caractères et de leurs
désirs; vu la différence des ressources des diverses
parties d'une nation, le défaut d'ensemble détruirait
une grande partie des effets de la volonté de chacun.
Que serait-ce donc, si nous tenions compte des pas-
sions égoïstes qui tendent à diviser les citoyens, à les
animer les uns contre les autres; ainsi que des attaques possibles de la part de l'étranger? Il importe
donc que l'organisation sociale soit la plus apte à di-
riger l'action des facultés individuelles, d'une manière
conforme à la sûreté de la Nation et au bien de la généralité des citoyens; que la sagesse de ses lois aide
et protége le travail; qu'elle donne de l'influence aux
hommes qu'on peut regarder comme les plus désireux
du bien public, à ceux qui, par leur dévoûment et
leurs lumières, sont les plus capables d'imprimer une
bonne impulsion aux affaires de l'État, de veiller à son
salut, de concourir d'une manière efficace à l'établis-

sement et au soutien des institutions les plus favorables
au bonheur des citoyens , et de perfectionner enfin ces
institutions , selon que le permettent ou l'exigent les
diverses époques de la vie d'un peuple.

Si l'action des citoyens, les plus distingués par leur
talent et leur mérite , est nécessaire dans la direction
des affaires publiques , le concours du peuple tout
entier ne l'est pas moins, soit pour prêter sa force aux
conceptions de l'intelligence , soit pour juger de ce
qui est véritablement favorable à ses intérêts, et pour
ramener , lorsque c'est nécessaire , par la manifestation de sa volonté souveraine vers le bonheur du plus
grand nombre , les vues quelquefois trop partiales ou
ou trop spéculatives des plus habiles politiques.

CHAPITRE III.

La confection des lois demande une volonté droite ,
et , à part quelques-unes, d'une utilité permanente et
généralement reconnue , des connaissances étendues,
jointes à une étude particulière de chacun de leurs
objets : elle demande encore une discussion préalable,
qui de l'examen des divers titres , fasse ressortir une
juste décision. Donc le législateur doit être une as—
semblée délibérante.

CHAPITRE IV.

La loi ne peut commander , chez un peuple libre ,
l'obéissance des citoyens, que tout autant que le législateur tient sa mission de leurs suffrages , ou

du moins du consentement non équivoque de la Nation.

CHAPITRE V.

Comme la Nation ne saurait remettre le pouvoir de faire exécuter les lois en de plus sûres mains, qu'en celles de la personne qui, en vertu de la confiance publique, a le droit de les établir, on doit conclure que le législateur doit être souverain : en sorte que, lorsqu'il confie les soins du pouvoir exécutif, soit à une dynastie, soit à un ou plusieurs chefs électifs, il n'établit point un pouvoir supérieur au sien, ou qui puisse en devenir indépendant ; seulement il donne des fonctions dont il ne juge pas à propos, avec juste raison, de garder pour lui-même l'accomplissement.

CHAPITRE VI.

Si donc il existe une assemblée dont tous les membres tiennent de la volonté du Peuple la mission de veiller à son intérêt, en qualité de ses représentants, si le système électoral est assez large et perfectionné pour que chaque collége puisse, autant qu'il est permis de l'espérer, apprécier la portée politique des divers candidats qui s'offrent pour représenter : 1° la nation, 2° la localité, et que l'opinion des citoyens puisse se manifester sans fraude et sans entraves ; si, en dernier lieu, les membres de cette assemblée se trouvent renommés ou renouvelés, à des époques suffisamment rapprochées, pour que, dans l'intervalle de deux élections consécutives, les intérêts et les senti-

ments de la Nation ne puissent varier d'une manière
considérable, cette assemblée sera, dans l'Etat, le
légitime souverain. Quelque évidente que soit cette
conclusion, je ne laisserai pas que de présenter quelques considérations de nature à faire voir qu'aucune
autre personne, individuelle ou collective, n'est en
droit de disputer, à l'assemblée de la nation, le pouvoir souverain dont la volonté du Peuple la rend dépositaire.

Quels titres en effet cette autre personne pourrait-
elle présenter en sa faveur ? Les seuls qu'elle pût ré-
vendiquer avec quelques apparences de raison, sont :
1° Un acte antérieur de la volonté populaire, qui lui
aurait conféré certains droits ; 2° la raison d'Etat ;
3° une possession ancienne ; 4° le droit divin. Dans cette
énumération, je ne parle point de la force ; si la force
suffit pour établir un fait, elle est insuffisante pour
constituer un droit. Il est vrai cependant que la puissance d'opérer le bien, dans une fonction publique,
est un titre éminemment favorable pour celui qui en
réclame le droit, mais cette considération rentre évidemment dans la raison d'Etat ; ainsi les titres dont
il s'agit, se réduisent aux quatre que je viens de men-
tionner.

CHAPITRE VII.

Or, en premier lieu, ni le consentement présumé
de la Nation, qui laisserait fonder un pouvoir, une
institution, une loi, ou, pour tout comprendre en
une seule expression, un établissement politique, sans
lui donner des marques d'improbation ; ni la volonté

d'une minorité , qui lui serait favorable ; ni même le
suffrage de la généralité des citoyens, ne sauraient donner à cet établissement aucun droit qui, dans la suite,
ne pût être abrogé par la Nation , qui conserve toujours par conséquent la faculté de modifier à son gré,
lorsqu'elle le juge convenable , quant à leur nature et
quant à leur exercice , tous les pouvoirs d'origine
populaire. Il suffira évidemment de prouver que la
généralité des citoyens ne peut fonder aucun établissement politique, qu'elle ne puisse remplacer si elle
le juge convenable : car s'il en est ainsi , à plus forte
raison, la Nation aura-t-elle toujours le droit de modifier à son gré tout établissement politique, qui , loin
d'avoir pour base son consentement non équivoque ,
ne s'appuierait que sur le suffrage d'une minorité plus
ou moins considérable.

Il n'est d'abord aucune nécessité qui puisse déterminer la Nation à déclarer immuable , en le fondant ,
un établissement politique , et à s'enlever ainsi la faculté de perfectionner dans la suite son organisation
sociale. Une telle déclaration ne pourrait avoir de
motif plausible, que celui de lui donner de la stabilité,
et de prévenir les discordes que produirait une trop
grande mobilité dans les institutions. Ce ne pourrait
être dans celui d'assurer certaines charges à titre de
privilége à des personnes ou à des familles qui auraient
rendu des services signalés à la patrie : car , lorsque
des milliers de citoyens s'exposent dans tous les temps
à la mort, pour défendre son honneur, ses intérêts, sa
liberté, et qu'elle ne peut leur donner que de faibles
dédommagements matériels en comparaison de leur

glorieux dévoûment; ainsi qu'aux familles, dont les membres et les soutiens trouvent dans les combats une fin prématurée; quels sont donc les services signalés qui pourraient lui être rendus, pour qu'elle se crût obligée de compromettre ses intérêts et sa liberté pour les reconnaître? Le mérite du dévoûment est-il donc tellement en rapport avec l'importance de ces résultats, que la grandeur des récompenses accordées par la patrie, dans les occasions les plus éclatantes, ne soit plutôt un effet de sa libéralité que de sa justice? Quelle apparence de mérite resterait-il encore à celui qui, ayant eu l'honneur de rendre d'importants services à l'Etat, en accepterait des récompenses de nature à compromettre l'intérêt national, si le cas pouvait s'en présenter? Mais un tel abaissement de la chose publique devant des considérations individuelles se trouve en opposition avec l'opinion de tous les peuples, et surtout des plus célèbres de l'antiquité, qui sous ce rapport, se sont montrés jaloux jusqu'à l'excès de leur liberté. La Patrie donne, à titre de récompense, des biens, des honneurs; mais non, à ce titre seul, des pouvoirs. C'est l'intérêt public qui est la véritable base des institutions qu'elle fonde. Donc la seule cause qui puisse réunir, en faveur d'un établissement politique, la majorité des citoyens, et lui donner ainsi une existence légitime, c'est un accord de volontés plus ou moins éclairées à l'égard de l'intérêt général. Or, si cet intérêt est une considération suffisante pour donner lieu à un établissement politique, malgré les obstacles qui peuvent s'y opposer, à plus forte raison lorsque ces obstacles seront surmontés, cette considération suffira-t-elle pour le maintenir, tant qu'il sera d'une utilité véritable. Je sais bien qu'on peut alléguer l'inconstance de l'homme dans ses désirs, et l'incertitude de plusieurs de ces jugemens. Cependant, on ne peut disconvenir qu'une modification, réclamée dans l'intérêt de la société par la majorité de citoyens, et adoptée, après avoir subi les épreuves de la discussion, doit être d'une utilité réelle, surtout si l'Etat, à son tour, prend soin qu'aucun de ses membres ne manque d'une éducation suffisante. D'un autre côté, les ressources et les besoins de la nation ne sont pas tellement variables, que les institutions qui à une époque quelconque, sont les plus conformes à ses intérêts, ne le soient encore long-temps après. Pour le dire en passant, les institutions politiques doivent être beaucoup plus mobiles tant que, au lieu d'avoir pour base et pour soutien l'assentiment éclairé de la généralité des citoyens, elles ne se trouveront fondées et soutenues que par quelques partis, par quelques classes, dans le but d'assurer le triomphe momentané de ces mêmes partis, ou la domination des priviléges. Mais toutes les fois que l'intérêt général sera le vérible principe d'un établissement politique, ce sera fort inutile de le déclarer inamovible.

Non-seulement cette déclaration serait inutile, mais encore elle serait pernicieuse ; car les textes les plus favorables au bien public, quant à l'esprit qui les aurait dictés, ne seraient pas assez à l'abri de dangereux commentaires, si le Peuple ne conservait pas le droit de les ramener à leur véritable but, et de les remplacer au besoin. Sans ce droit, les meilleures

institutions pourraient être faussées trop considérablement, et avec trop de facilité. En conservant même
aux textes des anciennes constitutions le sens le plus
favorable qu'elles puissent comporter, ne peuvent-
elles pas encore finir, avec le temps, par n'être plus
que des obstacles au progrès de la Société, de nature
à l'empêcher d'introduire, dans son organisation, les
améliorations que de nouvelles lumières peuvent lui
faire apercevoir, que de nouvelles ressources, tant
morales que matérielles, peuvent lui permettre de
réaliser ?

La conclusion qui se déduit des considérations pré-
cédentes est celle-ci : La Nation doit s'abstenir de tout
acte qui porterait atteinte à la liberté des générations
à venir, et par suite, de porter atteinte à sa liberté
actuelle ; car, si l'expérience et de nouvelles lumières
lui montraient qu'un établissement, qu'elle aurait
fondé, est de nature à compromettre les intérêts et les
libertés de l'Avenir, elle devrait le modifier ou l'abro-
ger. Elle ne doit donc pas s'en ôter la faculté.

Quels que soient ses antécédents relativement à son
organisation politique, comme il n'est aucune considération individuelle assez puissante pour y entrer en
ligne de compte, en opposition avec l'intérêt national,
les institutions et les lois ne doivent être considérées
que comme des règles de conduite, auxquelles, en
vue du bien public, la Nation juge convenable de s'as-
treindre ; sans toutefois compromettre le droit de les
modifier à son gré dans un but d'amélioration sociale.
Sa liberté, comme son existence, comme l'air qu'elle
respire, est un don du ciel que nulle autorité humaine

ne saurait légitimement lui ravir. A chaque instant
elle est émancipée de droit, puisqu'il est dans l'ordre
naturel des choses qu'elle y soit plus éclairée qu'aux
époques antérieures. Non qu'il n'existe entre les diverses générations d'un même peuple un lien moral de
services, de respect et de reconnaissance : mais ce juste
lien, qui joint à une certaine continuité de mœurs et
d'intérêts constitue la nationalité, et dans les rapports
de peuple à peuple, donne de la valeur à leurs divers
traités, ne peut léser l'indépendance de chacun d'eux
quant à son organisation politique. La seule influence
légitime qu'un peuple jaloux de sa liberté puisse rece-
voir encore des autres nations, c'est un rayonnement
salutaire de grandes leçons, d'utiles exemples, et enfin
de secours fournis et acceptés sans aucune contrainte.
La liberté des citoyens ne peut donc sous aucun rapport se trouver enchaînée par un acte antérieur de la
volonté de leurs ancêtres : du reste, il est moralement
impossible que ceux-ci aient jamais eu cette intention,
qui serait un crime de lèse-humanité ; car il ne serait
permis à personne, pas même à toute une génération,
d'imposer des digues au flot séculaire de la civilisation
et de lui dire : Tu t'arrêteras là !...

Tout établissement politique, d'origine populaire,
porte donc en lui-même cette clause tacite ou manifeste, que, s'il est inviolable pour tout particulier,
pour toute réunion partielle, il peut cependant être
modifié selon que la Nation le juge convenable.

Or, comme il n'y a que l'assemblée à laquelle le Peuple a confié l'exercice de ses droits, qui à chaque instant ait la mission et la faculté de proclamer ce qui est

conforme à l'intérêt et à la volonté de la Nation ; il s'en suit qu'aucune autre personne, individuelle ou collective, ne peut lui disputer aucun des droits dont le Peuple l'a rend actuellement dépositaire, même en alléguant un acte antérieur de la volonté populaire.

CHAPITRE VIII.

Serait-ce en prétextant la raison d'Etat ? Lorsque le bien de l'Etat se trouve gravement compromis, par le défaut ou l'impuissance manifeste de l'autorité constituée, il peut arriver que quelques citoyens, ne prenant conseil que de leur patriotisme et de la pureté de leurs intentions, dépassent, dans leurs mesures de salut public, la limite des pouvoirs qui leur ont été confiés. Leur conduite, dans ces circonstances extrêmes, se trouve motivée par la raison d'Etat. Quels qu'en aient été les résultats, elle n'en doit pas moins être soumise postérieurement au jugement de la Nation ; car il n'est pas vrai de dire que la fin suffise pour justifier les moyens : cette fausse maxime ne saurait avoir que des conséquences fatales pour la Société. Ce n'est que par une sage, mais active persévérance, que les hommes probes, tout en s'interdisant les moyens contraires à la justice, même quand il s'agit de faire prévaloir sa cause, peuvent amener son triomphe, malgré la résistance de ceux dont la conscience ne serait pas susceptible des mêmes scrupules.

Pour ne pas m'écarter de mon sujet, je dirai : D'après la nature de sa formation, l'assemblée de la nation renfermera toujours de grandes capacités en tout genre. Etant à chaque instant le résultat et la plus haute expression de la volonté nationale, elle devra réunir autour d'elle la sympathie de la généralité des citoyens. Ce sera donc la personne la plus constamment désireuse du bien public, la plus éclairée sur tous les intérêts, la plus juste, quant aux moyens et à la fois la plus forte pour les mettre en pratique. Vainement on objecterait que quelques autres pouvoirs ou corporations, étant depuis long-temps en possession de fonctions spéciales, sont plus aptes que l'assemblée à faire le bien, dans leurs attributions respectives, par les moyens qui leur paraissent les plus convenables : Car il est hors de doute que l'assemblée aura assez de sagesse pour reconnaître l'aptitude et les droits que donnent, soit les vocations spéciales, soit de longues années d'exercice dans chaque partie de l'économie sociale, et qu'elle ne voudra pas y opérer de nuisibles déplacements. Mais seule, elle aura des intérêts assez divers, assez généraux à ménager, des vues assez étendues, assez impartiales, pour décider du véritable degré de développement et de force, qui doit être donné à chaque partie du corps social, et de l'impulsion générale qui doit lui être imprimée, pour que la prospérité publique soit le résultat de ce vaste ensemble.

Dans le cas où, par suite de l'opposition de quelques puissances étrangères à l'esprit de cette assemblée, la paix se trouverait compromise, par le fait de sa souveraineté, vu qu'elle aurait la mission, en vertu du mandat, accepté par chacun de ses membres, de veiller à la dignité de la Nation, comme à son salut ; elle aurait aussi le droit incontestable de décréter , qu'elle préfère pour elle , au besoin , les chances de la guerre à des concessions peu honorables , et les dangers de la liberté au calme de la servitude.

S'il arrivait enfin que, dans quelques circonstances malheureuses, sa force se trouvât atténuée par des attaques du dehors, enhardies par des dissensions intestines ; une telle position serait de nature à rallier ses membres, quelle que fût d'ailleurs l'opposition de leurs opinions sur des questions moins graves que celle qui mettrait en cause son existence, ou l'intégrité de ses droits : Le devoir de chaque citoyen serait de lui prêter son appui ; en un cas de dispersion de ses membres , celui de toute autre corporation politique , serait de travailler pour elle , et de lui faciliter les moyens de recouvrer sa puissance ; car elle est , par sa nature, le seul de tous les pouvoirs de l'Etat qui , après avoir triomphé de tous ses adversaires et surmonté tous les obstacles , puisse , sans dégénérer et sans se corrompre , procurer constamment le bien-être de la généralité des citoyens. L'exercice de sa puissance peut bien présenter encore des difficultés ; mais en cherchant , en dehors d'elle , à les éviter, l'esprit se trouve ramené vers des calamités plus grandes.

Il n'est donc aucune raison d'Etat, permanente ou transitoire , qui puisse porter atteinte à sa souveraineté.

CHAPITRE IX.

Quant à la possession ancienne, et si l'on veut même immémoriale , elle ne constitue généralement un droit que parce qu'elle suppose au possesseur un titre réel, quoique pouvant être actuellement inconnu : titre qui ayant autrefois prévalu contre les prétentions opposées, se trouve actuellement à l'abri de toute contestation sérieuse. Mais, dans la question qui nous occupe, il est clair qu'un tel titre ne peut avoir pour ancienne origine qu'un acte antérieur de la volonté populaire, ou la raison d'Etat, ou le droit divin. Comme nous l'avons déjà vu, aucun droit, de nature à porter atteinte à la souveraineté nationale, ne saurait être établi ni par un acte antérieur de la volonté populaire, ni en vertu de la raison d'Etat; et, comme je vais en exposer des raisons, la loi divine consacre bien les droits civils déjà existants, mais elle n'en établit point. Il sera donc dès lors évident que la possession la plus ancienne n'établit aucun droit qui puisse restreindre le pouvoir de l'assemblée nationale.

CHAPITRE X.

Si Dieu avait manifesté l'intention de remettre l'autorité civile à une personne individuelle ou collective, l'homme devrait incontestablement s'y soumettre; mais dans nos sociétés modernes, il n'est aucun pouvoir politique auquel on puisse attribuer, en remontant jusqu'à son origine, une telle manifestation; aussi n'est-ce point de cette manière qu'on interprète, de nos jours, le droit divin. Mais on dira : Puisque rien ne peut arriver contre la volonté du Créateur, tout pouvoir existant doit avoir son approbation; et par conséquent le pouvoir existant est toujours légitime.

A ce raisonnement spécieux, dont le vice consiste à ne pas tenir compte de la liberté morale , en vertu de laquelle l'homme reste toujours maître de son choix entre l'équité et l'injustice , on peut répondre que, s'il était vrai que le succès et la possession pût établir le droit, l'acte , par lequel une nouvelle force politique renverserait et remplacerait le premier pouvoir , serait tout aussi légitime que l'établissement et l'existence de ce même pouvoir. Cette prétendue légitimité du succès se trouve donc complètement illusoire. Afin que ceci ne puisse fournir aucun prétexte à de dangereuses conclusions , j'ajouterai que , puisque la Divinité veut le bonheur de ses créatures , tout acte contraire au bien général l'est aussi à sa volonté. Comme l'anarchie est une grande calamité , le pouvoir qui en préserve la Société , qui , en faisant régner la justice dans tous ses rangs , procure la paix et la prospérité publique, et par là se concilie l'approbation générale : ce pouvoir , dis-je , est un bienfait du Ciel. Ce serait , de la part d'un citoyen , ou d'une réunion partielle , aller contre la volonté céleste , que de lui susciter d'indiscrètes entraves. Mais quel corps politique autre que l'assemblée nommée par le peuple , peut se dire , à plus juste titre , en possession de l'approbation générale? Quel autre , plus éclairé sur les intérêts de l'Etat , se trouve plus capable de procurer constamment sa prospérité , par les moyens les plus équitables? Il n'en existe point : il n'est aucun autre pouvoir de quelque durée , dont le dernier terme ne soit l'oligarchie ou l'absolutisme. Or , dans chacun de ces gouvernements , les droits de l'homme furent trop souvent sacrifiés au privilége ; trop souvent des considérations restreintes , quant à leur objet , et parfois frivoles, y prévalurent contre les grands intérêts de la Patrie. Par conséquent , aucun autre pouvoir politique ne saurait, avec quelque raison , revendiquer contre elle l'autorité divine.

Il est donc manifeste que l'assemblée de la nation en est de droit l'unique souveraine,

CHAPITRE XI.

Cette assemblée ne possède elle-même la souveraineté, que parce qu'elle lui est maintenue par la volonté du Peuple. Il est donc nécessaire que sa constitution et ses rapports avec la nation soient constamment sanctionnés par l'assentiment des citoyens ; que le Peuple puisse choisir ses représentants sur un nombre assez considérable ; qu'il ait la faculté de les renouveler ou de les renommer , à des époques telles que sa volonté puisse généralement être regardée comme la même pendant l'intervalle de deux élections consécutives. Alors et seulement alors , le pouvoir de l'assemblée s'identifiera avec la souveraineté populaire, qui est inaliénable. Cette vérité qui a été écrite , en caractères à jamais ineffaçables dans le *Contrat social*, se trouve encore confirmée, lorsqu'on examine, en lui-même , l'acte d'une telle aliénation, si elle était possible. Elle ne pourrait en effet avoir lieu que par le suffrage de la généralité des citoyens. Mais comme chacun de ses suffrages serait évidemment contraire aux droits de tous, leur majorité n'aurait été donnée que dans la vue ou l'espérance d'un intérêt personnel : Dès lors, le résultat général, dénué du caractère social qui constitue et sanctionne sa moralité, n'exprimerait qu'un assemblage d'intérêts individuels, qui n'aurait aucun droit, qui dans la suite ne pût être détruit par une agrégation différente d'intérêts de même nature ; et qui ne se trouvât annullé lorsque chacun, ayant retrouvé dans son cœur le sentiment de ses devoirs, donnerait sa voix dans des vues plus généreuses, et que le désir du bien public, de la dignité humaine et de la liberté de la patrie, se trouverait en quelque sorte multiplié par le nombre des citoyens. Donc, à chaque instant, le Peuple est libre de droit ; et de plus, il est Souverain : car sa souveraineté, étant une condition nécessaire à la conservation de sa liberté, en est, par cela même, le premier corollaire.

CHAPITRE XII.

Il importe de remarquer que la liberté est le droit du citoyen, et la souveraineté, l'attribut de la Nation. Soumis à la volonté générale, le citoyen ne doit pas moins se regarder comme libre : car la volonté générale ne peut avoir pour objet que le bien public ; et la liberté la plus complète qu'un vrai citoyen puisse désirer, c'est le pouvoir de faire tout ce qui ne peut gêner la liberté de ses semblables, d'agir dans ses intérêts, sans porter atteinte à ceux d'autrui. Lorsque chacun contribue à la confection de la loi, soit directement, soit d'une manière médiate par l'élection ; la loi, consentie par tous, dans l'intérêt de tous, est la manifestation souveraine de la volonté nationale, la sauvegarde des droits et de la liberté de chacun.

CHAPITRE XIII.

L'autorité souveraine, une fois concentrée par voie d'élections dans une assemblée nationale, peut se transmettre de diverses manières dans toutes les parties du corps social ; de telle sorte que le pouvoir politique, tout en restant identique quant à sa source, peut varier encore de nation à nation, selon que le demandent, dans chacune d'elles, au point de vue du bien public, ses antécédents politiques ou de nouvelles ressources, ses mœurs et l'état de sa civilisation. Mais les diverses formes, dont le gouvernement est susceptible, peuvent se comprendre sous deux principales dont les autres ne sont que des modes ou des combinaisons. Dans l'une, le dépôt du pouvoir exécutif et avec lui les premières dignités de l'Etat, sont transférées d'après la naissance, qui peut ainsi constituer un droit durable, malgré qu'il reste toujours subordonné à la volonté nationale. Dans l'autre, aucune des premières charges ne cesse d'être accessible au mérite des citoyens.

Ces deux types de gouvernement, bien entendus, sont tous deux conformes à l'esprit démocratique et au bonheur des nations. Le premier embrasse, dans ses plans d'économie, non-seulement les particuliers, mais encore les familles, pendant la succession des générations diverses. Le second, émet un principe plus actif qui, fécondé par les ressources de la grande

union sociale , et modéré par la sagesse des gouver-
nants non moins que par la probité des citoyens , se
trouve capable des plus beaux résultats. Toutefois , il
est vrai qu'ils n'ont pas ou presque pas encore existé
dans toute la pureté des principes et de la justice des
institutions. Le plus souvent l'Hérédité dans les fonctions publiques, s'est considérée comme un droit indépendant; et dans les républiques, par le défaut ou
l'imperfection des institutions propres à conserver la
souveraineté, les Partis se sont disputé, par l'intrigue
et la violence , et , il faut aussi le dire , par des services rendus à la Patrie , le pouvoir... que souvent
ils ont tourné contre le Peuple. Mais si le Peuple ne
fut pas toujours libre dans ces derniers états, il y fut
toujours près de la Liberté !

CHAPITRE XIV.

Deux sujets se présentent donc en première ligne ,
comme dignes d'occuper la pensée des socialistes :
Le premier est la recherche d'un système propre à
constituer un pouvoir vraiment national , ayant de
bonnes élections pour origine. Le second n'est autre
que l'ensemble des lois qui doivent régir, selon la
liberté et l'intérêt national , toutes les administrations
du pouvoir politique , des lois qui doivent déterminer
ses rapports avec les citoyens et les nations étrangères, et de celles qui doivent régner dans les relations
mutuelles des citoyens. J'espère exposer dans des
écrits subséquents , en continuation du présent ouvrage, le résultat de mes études sur la formation , la

conservation et l'action sociale du pouvoir central.
Dans le livre que j'ai déjà l'honneur de présenter à
mes Concitoyens, j'ai réuni les principes les plus so—
lides que j'aie pu trouver dans les carrières de la pensée ; afin de préparer un socle indélébile au colosse
démocratique, dont il me reste encore à esquisser
la forme. Puissent-ils accueillir favorablement mes
essais d'une aussi grande synthèse.

FIN DU LIVRE PREMIER.

www.ingramcontent.com/pod-product-compliance
Lightning Source LLC
Chambersburg PA
CBHW060749280326
41934CB00010B/2410